Bibliografische Information der Deutschen
Nationalbibliothek:
Die Deutsche Nationalbibliothek verzeichnet diese
Publikation in der Deutschen Nationalbibliografie;
detaillierte bibliografische Daten sind im Internet
über http://dnb.dnb.de abrufbar.

Herstellung und Verlag: BoD – Books on Demand,
Norderstedt

ISBN: 978-3-7597-3587-4

Kerstin Leppert

Jeden Tag Yoga

Inspirationen für tägliches Üben

1. Januar

Aus Vorsätzen wird Disziplin

Beginne das neue Jahr so, wie du das alte beendet hast - mit deiner täglichen Yoga Disziplin.

Die Zeit mag vergehen, die Rituale bleiben. Wenn du etwas willst und es dir wirklich vornimmst, kannst du schaffen, was dir am Herzen liegt - jeden Tag Yoga.

2. Januar

Ein gutes Leben

Ein gutes Leben zu führen bedeutet nicht, still und zurückgezogen zu sein. Es bedeutet, in jedem Moment präsent zu sein - in Lärm und Stille.
Jeden Tag Yoga.

3. Januar

Geduld

Wenn du nicht schlafen kannst,
meditiere.
Wenn du nicht meditieren kannst,
kontempliere. Wenn du nicht
kontemplieren kannst, lausche und übe
dich in Geduld und Langmut.
Jeden Tag Yoga.

4. Januar

Gleichmut

Gleichmut ist nicht Gleichgültigkeit.
Gleichmut bedeutet, dem Werden, Sein
und Vergehen der Dinge, Umstände und
Lebewesen gelassen, hingebungsvoll und
mitfühlend zuzusehen.
Atme ein, atme aus.
Jeden Tag Yoga.

5. Januar

Bewege etwas in deinem Leben

Wenn du etwas in deinem Leben bewegen
möchtest, so entwickle eine nährende
Praxis, gespeist aus einem liebevollen
Impuls, basierend auf einer ehrgeizigen
Vision: tatsächlich jeden Tag Yoga zu
üben, komme, was wolle.

6. Januar

Erhebe dich zu den Engeln

Werde, was unvorstellbar ist.
Lasse zu, dass du nichts wirst.
Vertraue dich dem Lauf des Lebens
rückhaltlos an, mit jedem Tag Yoga.

7. Januar

So oder so

Mal fühlst du dich so und mal fühlst du
dich so. Mal denkst du dies, mal denkst
du jenes. Mal bist du hier, mal bist du
dort. Egal wie es dir geht und egal, was
du tust oder wo du bist, praktiziere jeden
Tag Yoga.

8. Januar

Ungewiss

Was dir in diesem Jahr widerfährt, was
dieser Tag für dich bereithält, weißt du
nicht.
Auch wenn du alles bedenkst, schenkt
das Leben dir immer wieder
Überraschungen.
Um damit umzugehen, hilft dir jeden Tag
Yoga.

9. Januar

Einzigartig

Jeder Moment ist unwiederbringlich und einzigartig. Nichts geschieht zweimal auf dieselbe Weise.
Wertschätze darum jeden Moment, die großen ebenso wie die kleinen, mit jedem Tag Yoga.

10. Januar

Raum gewinnen

Wenn du zu viele Sorgen, Ängste und Bedenken hast, dann hast du keinen Raum, um frei zu leben und um unbeschwert zu lieben.
Übe dich darin loszulassen - um Platz für dich selbst zu gewinnen.
Jeden Tag Yoga.

11. Januar

Aggregatzustand

Die Dinge sind oftmals nicht so wie sie scheinen. Sie können ihren Aggregatzustand verändern.
Vom Festen zum Flüssigen und umgekehrt, von Wasser zu Eis.
Beobachte, was geschieht, ohne zu bewerten.
Jeden Tag Yoga.

12. Januar

Quell der Freude

Schöne Erinnerungen sind ein Quell der Freude. Erinnere dich bewusst und oft an Orte und Begegnungen, die dich genährt haben.
Nähre dich mit jedem Tag Yoga.

13. Januar

Feuerenergie

Wenn die Wut kommt, muss der Mund
zugehen. Zügle dein inneres Feuer, wenn
es ausbrechen will. Nutze es stattdessen.

Das Feuer kann entweder dein Haus
niederbrennen oder dein Essen kochen.
Jeden Tag Yoga - mit Feuerenergie.

14. Januar

Dein inneres Licht

Entfache dein inneres Licht, besonders,
wenn es draußen kalt und dunkel ist.
Es liegt an dir, wie du erstrahlen kannst,
besonders im Winter. Dann tut eine
dynamische Yogapraxis gut.
Jeden Tag Yoga.

15. Januar

Gruppenenergie

In der Gruppe entfaltet sich die Energie jedes Einzelnen, besonders beim Singen von Mantras.
Du kannst dich vom Klangstrom tragen lassen und ihn mitnehmen in dein tägliches Yoga.

16. Januar

Umstandshalber

Du kannst die Umstände nicht beeinflussen. Aber du kannst Einfluss darauf nehmen, wie du auf sie reagierst.
Jeden Tag Yoga.

17. Januar

Selbstverantwortung

Mach dir bewusst, dass du für niemand anderen verantwortlich bist, mit Ausnahme deines kleinen Kindes.
Jeder ist seines Glückes Schmied, jede darf Selbstfürsorge betreiben.
Du darfst dich entspannen, mit jedem Tag Yoga.

18. Januar

Übe, ohne ans Ergebnis zu denken

Der einzige Tipp, um eine Yoga Position zu meistern: üben, üben, üben.
Übe voller Hingabe und ohne zu beurteilen. Der Rest kommt von alleine.
Jeden Tag Yoga.

19. Januar

Kreative Praxis

Mit Yoga wird jeder Tag zu einer
Leinwand, auf der du mit kraftvollen
Posen und friedvollen Atemzügen ein
inspirierendes Meisterwerk schaffst – eine
Choreografie aus Stärke, Flexibilität und
innerer Brillanz, die deine Seele tanzen
lässt.
Tauche ein in diese kreative Praxis mit
jedem Tag Yoga.

20. Januar

Nimm nicht alles persönlich

Achte auf deine Worte.
Nimm nicht alles persönlich.
Urteile nicht.
Gib immer dein Bestes -
und geh davon aus, dass andere
es auch tun.
Jeden Tag Yoga.

21. Januar

Das Licht bist du

Wenn alles um dich herum dunkel
erscheint, schau noch einmal und sieh
genau hin:
Du selbst könntest das Licht sein.
Jeden Tag Yoga.

22. Januar

Das Leben ist ein Spiel

Auch wenn das Leben nur ein Spiel ist,
lass dich nicht zum Spielball machen.
Spiele es nach deinen Regeln.
Jeden Tag Yoga.

23. Januar

Folge deiner Bestimmung

Folge deiner Bestimmung,
auch wenn du ganz alleine bist, wenn die
Umgebung unwirtlich ist und du deinen
Weg nicht klar vor Augen hast.
Der Weg wird im Gehen vor dir entstehen.
Dabei hilft dir jeden Tag Yoga.

24. Januar

Orientiere dich

Selbst, wenn du verwirrt bist,
den Horizont nicht siehst und
mit seltsamen Dingen konfrontiert wirst:
Verliere nicht deine Orientierung.
Orientiere dich an deinem täglichen Yoga.

25. Januar

Beschwerliche Wege

Es gibt am Ende jeden Tunnels ein Licht.
Mancher Weg mag dir freudvoll
erscheinen, andere sind beschwerlich.
Besonders bei harten Wegstrecken hilft es
dir, dein Durchhaltevermögen zu stärken
mit jedem Tag Yoga.

26. Januar

Langer Atem

Wenn du etwas erreichen willst, brauchst
du einen langen Atem.
Nicht alles fällt dir in den Schoß, um
vieles musst du kämpfen.
Beim Yoga lernst du zu atmen und
durchzuhalten.
Jeden Tag Yoga.

27. Januar

Fang einfach an

Wenn du nicht weißt, wie du anfangen
sollst, fang einfach irgendwie an.
Nimm dir Zeit, nimm dir deine Matte,
öffne deinen Raum.
Jeden Tag Yoga.

28. Januar

Tagesende

Wenn der Tag zu Ende geht, entfaltet sich
eine magische Stimmung.
Lass dich von ihr inspirieren, Neues
auszuprobieren.
Jeden Tag Yoga.

29. Januar

Selbstheilung

Dein Körper ist ein Wunderwerk. Jeden Tag repariert er sich selbst. Oft merkst du es gar nicht. Doch erst in einem Zustand der Entspannung können deine Selbstheilungskräfte gedeihen.
Daher entspanne dich mit jedem Tag Yoga.

30. Januar

Glückshormone

Du kannst nicht immer gut gelaunt sein. Manchmal kämpfst du mit Stimmungsschwankungen.
Yoga und Meditation wirken positiv auf dein Nervensystem und aktivieren die körpereigenen Glückshormone.
Für gute Laune übe daher jeden Tag Yoga.

31. Januar

So beginnt dein Tag

Jeden Morgen Yoga, und seien es nur einige Minuten, egal, wo du bist, wie du dich fühlst, wie du geschlafen hast oder wer dich begleitet.
Dieser Start in den Tag begründet ihn. Und wenn das nicht geht, mache abends Yoga.

1. Februar

Loslassen

Loslassen ist das Schwerste.
Du kannst durchhalten, projizieren, hast
Kraft und Feuer, aber loslassen?
Entspannen? Schwierig.
Auf der Yogamatte übst du es daher
täglich: „Entspanne. Lass los –
und lass die Dinge zu dir kommen."
Jeden Tag Yoga.

2. Februar

Es gibt immer einen Ausweg

Ob du dich in einer Situation, einem
Raum, einer Beziehung gefangen fühlst:
Auf der Matte findest du zurück zu dem,
was dich trägt, zu deiner Stärke und
Zuversicht. Du bestimmst die Umstände
deines Handelns.
Das Fenster ist weit offen, niemand hält
dich fest - du kannst hinaus fliegen.
Jeden Tag Yoga.

3. Februar

Ganeshas Kraft

Wenn die inneren oder äußeren
Widerstände groß sind, wenn du
mit dir kämpfst oder mit Spielgefährten
auf dem Spielfeld menschlicher
Erfahrungen ringst:
Ganesha hilft dir.
Er schiebt die Widerstände weg.
Jeden Tag Yoga.

4. Februar

Sieh die Schönheit in Allem

Mitten im Paradies ist das leicht. Die
Vögel zwitschern dem erwachenden Tag
entgegen, der Pool glitzert in der
Morgensonne, die Luft ist seidenweich
und warm wie eine Umarmung.
Wenn du hier deine Matte ausrollst,
brauchst du nichts weiter zu tun, als den
Fokus auf die Schönheit zu halten - und
sie dann in Allem zu sehen.
Jeden Tag Yoga.

5. Februar

Dein innerer Frieden

Immer wieder gilt es, deinen inneren
Frieden zu suchen, zu finden –
und zu bewahren, egal, was die Welt
dir zumuten mag.
Dabei ist dein Körper dein Freund.
Auf der Matte dehnst und streckst
du ihn, widmest dich deinen Übungen
voller Hingabe.
Jeden Tag Yoga.

6. Februar

Öffne einen Raum

Öffne einen Raum in dir, um dich herum.
Schau, was passiert.
Atme, beobachte. Habe Geduld.
Das Gras wächst nicht schneller, wenn
man dran zieht.
Praktiziere jeden Tag Yoga.
Öffne einen Raum - und er wird sich
füllen.
Jeden Tag Yoga.

7. Februar

Auf den Wellen des Lebens surfen

Das Leben besteht aus Polaritäten.
Freude und Schmerz, Sieg und
Niederlage, Gewinn und Verlust, Liebe
und Gleichgültigkeit.
Yoga hilft dir, nicht unterzugehen, wenn
die Wellen des Lebens sich brechen und
du unterzugehen drohst.
Yoga lässt dich die Kunst meistern, auf
den Big Waves zu surfen.
Jeden Tag Yoga.

8. Februar

Magie und Wunder

An einem Ort voller Magie und Wunder
öffne die Augen und dein Herz.
Auf der Matte wirst du demütig und
zutiefst dankbar, einen Moment lang
inmitten dieser magischen Schönheit
namens Leben verweilen zu dürfen.
Jeden Tag Yoga.

9. Februar

Einfach sein

Die Elemente spüren.
Regen, Sonne, Wind auf der Haut.
Du brauchst viel weniger, als du glaubst.
Lass alle Ablenkungen los, allen Ballast
und alles, was dir nicht guttut.
Jeden Tag Yoga, um einfach zu sein.

10. Februar

Hat Krankheit einen Sinn?

Selbst wenn du dich schwach fühlst.
Wenn du ruhebedürftig bist, sogar
verwundert, welche Schwäche dich erfasst
hat.
Selbst dann sei voller Dankbarkeit, für
alles,
was geschieht.
Jeden Tag Yoga.

11. Februar

Detox

Nimm einen Tag lang nur Wasser und Tee
zu dir.
Schau dir selbst beim Fasten zu. Begib
dich auf die Matte in Stille und Süße.
Das ist Segen, Prasad, pur.
Jeden Tag Yoga.

12. Februar

Mit Gegensätzen leben

Du bist umgeben von Gegensätzen.
Wunderbare Stille, laute Lebenslust.
Idyllischer Ausblick, Müllkippen am
Wegesrand.
Auf der Matte vereinst du die Gegensätze
und übst pure Akzeptanz.
Jeden Tag Yoga.

13. Februar

Das Flüstern des Windes

Schließe die Augen und lausche.
Lausche dem Flüstern des Windes in den
Palmen, den plätschernden Wellen,
Vögeln, die sich unterhalten, ihre
Stimmen so fremdartig wie die der
Nachbarn.
Es tschilpt und kräht, zwitschert und
schnalzt, summt und stampft, klickert
und ohh-ooooht.
Lausche deinem Atem, der sich mit dem
Meer vereint. Jeden Tag Yoga.

14. Februar

Wertschätzung für den Körper

Du magst in mancher Hinsicht
empfindlich sein. Dein Körper reagiert
besonders sensibel.
In anderer Hinsicht bist du jedoch zäh.
Wertschätze deinen Körper,
so wie er ist, und praktiziere jeden Tag
Yoga.

15. Februar

Gute Mächte

Lade gute Mächte ein, lass dich von ihnen
unterstützen.
Manche nennen es Glück.
Aber du ahnst, dass dein Schutzengel
dich schon häufig vor Schlimmem
bewahrt hat.
Jeden Tag Yoga, umgeben und beschützt
von guten Mächten.

16. Februar

Mit offenen Armen

Umarme das Leben und alles,
was es bereithält.
Fürchte nichts, sei mutig und neugierig
auf jede neue Erfahrung.
Geh mit offenen Augen, offenen Armen
und offenem Herzen durchs Leben.
Beginne jeden Tag mit Yoga.

17. Februar

Koste alles aus

Schmecke das Leben.
Die Süße und die Schärfe, das Bittere und
das Prickelnde, alle Geschmäcker, die es
für dich bereithält.
Koste es aus, bis zur Neige.
Verliere manchmal das Maß,
auch das gehört dazu.
Jeden Tag Yoga - besonders nach dem
Übermaß.

18. Februar

Durch Raum und Zeit

Wenn du durch Zeitzonen fliegst,
Kontinente und Ozeane überquerst,
verneige dich in Demut und Dankbarkeit
für alle Erfahrungen. Dass es dir erlaubt
ist, all das zu erleben. Dass du Zeit hast
und die Möglichkeiten, es zu erleben.
Jeden Tag Yoga, immer und überall.

19. Februar

Einfach schlafen

Trägst du zu viel an Gepäck mit dir? Hast
du zu viel Anhaftung?
Schlaf ist ein Segen. Nimm hin, akzeptiere
es, wie es ist.
Du kannst Schlaf nicht erzwingen, ihn
nur wie ein Geschenk annehmen.
Jeden Tag Yoga.

20. Februar

Yoga und Schokolade

Gönne dir jeden Tag etwas Süßes:
Schokolade. Prasad, Segen. Yoga.
Genieße ein Stückchen.
Ein Viertelstündchen.
Genieße in Maßen statt in Massen, ohne
schlechtes Gewissen, ohne Druck.
So wird jeden Tag Yoga purer Genuss.

21. Februar

Insel der Ruhe

Im hektischen Alltag mit all seinen
Anforderungen suche Zuflucht auf deiner
Matte.
Sie ist deine Insel der Ruhe im Meer des
Wirrwarrs.
Rette dich dorthin.
Jeden Tag Yoga.

22. Februar

Widerstehe dem Zeitdruck

Auch und gerade wenn du keine Zeit hast
- denn du hast immer Zeit.
24 Stunden täglich.
Es ist deine Entscheidung, womit du sie
verbringst.
Was du wichtig machst.
Was ist wichtig?
Jeden Tag Yoga - denn es ist deine
Lebenszeit.

23. Februar

Finde Stille

Bringe die Gedanken zur Ruhe.
Es gibt immer viel zu erledigen und zu
bedenken. Nie bist du fertig mit deinen
Aufgaben.
Atme ein und aus. Ein und aus.
Finde die Stille in dir.
Stille ist der größte Heiler.
Jeden Tag Yoga.

24. Februar

In schönster Gesellschaft

Wähle, mit wem du praktizierst.
Wem du deine Zeit, Liebe und
Aufmerksamkeit widmest.
Im besten Fall hast du einen Seelenkater,
der deine Matte teilt.
Oder ein inneres Krafttier.
Jeden Tag Yoga - in schönster
Gesellschaft.

25. Februar

Vertraue drauf

Wenn Bett oder Sofa rufen, überwinde die
Trägheit und begib dich auf die Matte.
Hinterher geht es dir immer besser.
Vertraue drauf.
Du erfährst es immer wieder.
Jeden Tag Yoga.

26. Februar

Verwurzelung

Starke Wurzeln festigen dein Fundament.
Doch es braucht Zeit, um sich zu
verwurzeln.
Zeit, Geduld und Beharrlichkeit.
Gib nicht auf.
Jeden Tag Yoga, egal was ist oder kommt.

27. Februar

Goldene Jahre

Halte dich nicht mit dem auf, was nicht klappt. Gib Vorhaben auf, die nicht fruchten.
Du hast so viele Ressourcen.
So viel Rückhalt und Unterstützung.
Richte den Blick auf all deine Segnungen.
Es sind deine goldenen Jahre.
Jeden Tag Yoga.

28. Februar

Sei spielerisch

Nimm dich selbst nicht zu ernst - und andere schon gar nicht.
Wir sind alle nur für einen
Wimpernschlag des Universums hier.
Sei spielerisch. Sei verspielt.
Es gibt nichts zu gewinnen und nichts zu verlieren.
Jeden Tag Yoga.

1. März

Selbstverpflichtung

Du kannst alles in deinem Leben wichtig
machen. Wenn du dich wirklich für etwas
entscheidest, tue es aus ganzem Herzen.
Verpflichte dich dir selbst.
Dann gibt es keine Fragen und keine
Zweifel mehr:
Jeden Tag Yoga.

2. März

Erfreue dich an Kleinigkeiten

Erfreue dich an Kleinigkeiten.
Der Becher Tee. Die Stille um dich herum.
Vogelgezwitscher. Ein Sonnenstrahl auf
deiner Matte. Die liebe Katze neben dir.
Jeden Tag Yoga.

3. März

Mach es dir leicht

Mache keine zu schweren Übungen.
Du brauchst niemandem etwas zu
beweisen. Am wenigsten dir selbst.
Mach es dir leicht - und Leichtigkeit wird
in dein Leben einziehen.
Jeden Tag Yoga.

4. März

Ein wenig Hilfe

Manchmal brauchst du ein wenig Hilfe
von kleinen Helferlein. Scheue nicht davor
zurück, Hilfe in Anspruch zu nehmen.
Ob von Rollen, Kugeln, Kissen, Bändern -
oder Freunden.
Jeden Tag Yoga.

5. März

Beschützt

Fühle dich behütet und beschützt.
Schaffe einen Raum und umgib dich mit
schützender Energie. Ein starkes
Nervensystem ist der beste Schutz.
Trainiere dein Nervensystem und lade
deine Aura auf - täglich auf der Matte für
dein Leben.
Jeden Tag Yoga.

6. März

Wo auch immer

Wo auch immer du bist.
Wie auch immer du geschlafen hast.
Was auch immer dich gerade bewegt.
Wer auch immer gerade mit dir ist.
Wann auch immer es möglich ist.
Jeden Tag Yoga.

7. März

Das Leichte und das Schwere

Wenn es leicht fällt. Und wenn es schwer
fällt, erst recht. Manchmal wird das
Schwere dann leicht. Und das Leichte
schwer? Nimm hin, was passiert - ohne
zu bewerten.
Jeden Tag Yoga.

8. März

Liebe, was du tust

Liebe dein Leben, so wie es ist und mit
allem, was du tust.
Es ist deins, genieße und nutze es.
Mit täglichem Yoga, aus ganzem Herzen
und mit innerem Feuer.

9. März

Zerbrechlich

Das Leben ist zerbrechlich.
Ein brennendes Auto vor deinem Haus.
Ein schutzbedürftiges Reh inmitten der
Stadt.
Jeden Tag Yoga hilft dir, mit allem
umzugehen, was geschieht.

10. März

Übe, meditiere, lies

Jeden Tag Meditieren.
Jeden Tag lesen.
Jeden Tag schreiben.
Jeden Tag helfen.
Jeden Tag Spaß haben!
Jeden Tag Yoga.

11. März

Wachsen, blühen, gedeihen

Liebe alles, was ist, wächst, blüht und
gedeiht. Lass auch in dir jeden Tag
Freude, Hoffnung und Liebe gedeihen.
Nähre sie in deiner Yogapraxis.
Jeden Tag Yoga.

12. März

Ruhe dich in der Stille aus

Suche dir einen stillen Platz.
Sorge dafür, dass du nicht gestört wirst.
Mache langsame, bewusste Bewegungen.
Geh immer mehr in die Stille.
Sie ist der größte Heiler.
Jeden Tag Yoga.

13. März

Gib es weiter

Wenn du etwas wissen möchtest, lies
darüber. Wenn du etwas erfahren
möchtest, praktiziere es. Wenn du etwas
meistern möchtest, unterrichte es. So
sagte ein Lehrer. Gib weiter, was du weißt
und kannst, sei Teil der Kette.
Jeden Tag Yoga.

14. März

Halte durch

Halte durch, und du wirst gehalten.
Die Welt mag still stehen oder sich weiter
drehen. Deine Zeit auf der Matte ist die
deinige. Nimm sie dir.
Jeden Tag Yoga, egal, was ist.

15. März

Es ist, wie es ist

Nimm die Dinge und die Menschen, wie
sie kommen, gehen und sind.
Es ist, wie es ist, und es kommt, wie es
kommt.
Solange du dich jeden Tag auf die Matte
begibst, ist alles gut.
Jeden Tag Yoga, egal, was ist.

16. März

Erkläre dich nicht

Mach dein Leben leichter und höre auf,
dich den Leuten zu erklären. Tu einfach,
was dir guttut,
was für dich sinnvoll ist.
Auf der Matte. Und im Leben.
Jeden Tag Yoga, egal, was jemand von dir
denkt.

17. März

Genieße Zeit mit dir allein

Genieße Zeit mit dir allein. Sie ist kostbar.
Nimm dir den Luxus, deinen eigenen
Gedanken nachzuhängen, deiner inneren
Stimme zu lauschen.
Jeden Tag Yoga, exklusiv mit dir allein.

18. März

Du bist besonders

Feiere dein Besonderssein täglich auf der
Matte.
Folge nie dem Strom, sondern nur dir
selbst.
Jeden Tag Yoga.
Weil du es dir wert bist.
Weil du dir die Zeit nimmst.
Weil du besonders bist.

19. März

Into the blue

Manchmal bedarf es keiner Begründung.
Manchmal ist es besser,
zu schweigen.
Manchmal ist es hilfreich,
zu atmen, statt zu sprechen.
Jeden Tag Yoga.

20. März

Werden und Vergehen

Um dich herum erwacht die Natur.
Gutes wächst.
Auch traurige Nachrichten finden ihren
Platz im Werden und Vergehen.
Atme und übe, damit umzugehen.
Jeden Tag Yoga.

21. März

Weltglückstag

Du wirst das Glück nicht im Außen
finden.
Weder in Beziehungen noch in
Aktivitäten, schon gar nicht in
Besitztümern.
Bis du Gott nicht in deiner eigenen Seele
gefunden hast,
wird die ganze Welt ohne Bedeutung für
dich bleiben, sagt Rumi.
Wahre Worte.
Jeden Tag Yoga.

22. März

Sieh die Schönheit in Allem

Um deine Sinne zu erfrischen und dich
empfänglich zu machen für die Schönheit
in Allem und Allen - jeden Tag Yoga.

23. März

Ausreden

Wenn du wirklich jeden Tag Yoga
praktizieren willst, findest du Wege.
Wenn nicht, findest du Gründe. Diese
Gründe sind Ausreden.
Rede dich nicht heraus.
Jeden Tag Yoga.

24. März

Du hast es verdient

Weil du es verdienst, es dir gutgehen zu
lassen.
Dafür musst du nichts geleistet haben.
Erlaube dir, dich zu entspannen -
niemand sonst wird es für dich tun.
Jeden Tag Yoga.

25. März

Gutes geschieht

Gutes widerfährt denen, die warten
können. Großartiges geschieht denen, die
sich entscheiden und handeln.
Jeden Tag Yoga.
Es ist deine Initialzündung für den Tag.

26. März

Glücklich

Du kannst nicht alle glücklich machen.
Es ist auch nicht deine Aufgabe.
Beginne lieber bei dir selbst.
Auf deiner Matte.
Und dann lass dein Glück ausstrahlen
und Kreise ziehen.
Jeden Tag Yoga.

27. März

Ausruhen

Entspannen.
Auf dem Sofa mit Katze und Buch oder so
wie du es möchtest. Hauptsache, bewusst
und ohne schlechtes Gewissen.
Es gibt immer genug zu tun.
Entscheide dich, es liegen zu lassen.
Jeden Tag Yoga.

28. März

Alleinsein

Manchmal strengen dich Menschen an,
sogar deine Lieblingsmenschen.
Dann ist es Zeit, das Alleinsein zu
suchen.
Auf der Matte.
Oder anderswo.
Nicht sprechen, sondern innere Ruhe
finden.
Jeden Tag Yoga.

29. März

Sehnsucht

Folge deiner Sehnsucht nach Sonne,
Süden, Leichtigkeit.
Oder was immer es für dich ist. Sie macht
dich empfänglich für das, was du im
Innersten wahrhaftig fühlst und ersehnst.
Jeden Tag Yoga.

30. März

Lieb sein

Jeden Tag Yoga bedeutet, lieb zu dir
selbst zu sein.
Wenn es dir gut geht, hast du mehr
Geduld und Mitgefühl mit anderen.
Du schaffst es eher, sie in ihrem eigenen
kleinen Kosmos zu akzeptieren, der nach
ihren Regeln funktioniert.
Mehr und mehr wirst du zu allen anderen
lieb sein.
Jeden Tag Yoga.

31. März

Resonanz

Was du aussendest, kommt vervielfacht
zurück zu dir.
Das ist das Gesetz der Resonanz.
Jeden Tag Yoga - und die positive
Ausstrahlung, die du erzeugst, strahlt zu
dir zurück.

1. April

Übungssache

Ist es leicht, sich zu entspannen?
Für einige vielleicht, für die meisten
Menschen nicht.
Wir sind so im Tun verankert.
Darum praktiziere jeden Tag Yoga.
Selbst wenige Minuten helfen dir dabei,
dich zu entspannen.

2. April

Schutzengel

Sei dein eigener Schutzengel.
Indem du jeden Tag Yoga praktizierst,
erschaffst du ein schützendes Umfeld für
dich.
Das ganze Universum beginnt
dir zu dienen.

3. April

Kleine Augenblicke

Kreiere schöne Momente, um ein Bollwerk
zu schaffen.
So kannst du auch den unschönen
Momenten gelassener begegnen.
So schaffst du ein Paradies aus kleinen
Augenblicken des Glücks.
Jeden Tag Yoga.

4. April

„Eigentlich"

Auch, wenn du eigentlich überhaupt
keine Zeit hast.
Gerade dann gilt es, der Zeit ein
Schnippchen zu schlagen und dir etwas
Gutes zu tun.
Jeden Tag Yoga.

5. April

Lächle deinem Herzen zu

Was, wenn du lächelnd erwachst?
Wenn du dir sofort nach dem Aufwachen
selbst ein Lächeln schenkst?
Lass dies die erste Yogaübung des Tages
sein. Jeden Tag Yoga.

6. April

Wenn du es eilig hast

Geh langsam - besonders, wenn du in Eile
bist.
Nimm dir Zeit zum Atmen.
Zum Lesen.
Zum Meditieren.
Erlaube der Welt, sich einen Moment
ohne dich weiter zu drehen.
Oder wie lange auch immer.
Jeden Tag Yoga.

7. April

Freundlich sein

Damit du nicht alles so persönlich
nimmst.
Damit du bei dir bleibst, statt zu
reagieren.
Anstatt dass ein Wort das andere ergibt,
übe freundlich zu sein.
Jeden Tag Yoga.

8. April

Liebe und Frieden

Für die Liebe - zu dir und zu anderen.
Für Frieden - inneren und äußeren.
Lebe dein Yoga, heute, morgen,
fortwährend.
Jeden Tag Yoga.

9. April

Im Paradies

Manchmal braucht es nur ein
Fingerschnipsen, und schon bist
du im Paradies.
Dort gibt es nichts zu planen, nichts zu
perfektionieren oder zu modifizieren.
Es ist alles da und genau so,
wie du es brauchst.
Jeden Tag Yoga.

10. April

Prachtvoll

Du bist in der Blüte des Lebens, egal, wie
alt du bist.
Jeder Tag ist einzigartig.
Genieße jeden prachtvollen Moment.
Lache, weine, lebe,
sei einfach du selbst.
Jeden Tag Yoga.

11. April

Kraft und Stärke

Anstrengende Übungen helfen dir, Kraft
zu entwickeln. Nervenstärke.
Manchmal brauchst du Nerven wie
Drahtseile.
Auf deiner Matte trainierst du nicht nur
die Muskeln, Bänder und Sehnen,
sondern auch dein Nervensystem.
Jeden Tag Yoga.

12. April

Farbe und Freude

Geh mit offenen Augen durch die Welt.
Nimm alles auf und lass dich von Farben,
Eindrücken und Freude durchfluten.
Jeden Tag Yoga.

13. April

Sieh die Fülle

Es ist doch alles da, was du brauchst.
Warum willst du immer mehr oder
woanders sein?
Alles ist am richtigen Platz.
Auf dem Weg zu dir begegnet dir Fülle.
Öffne die Augen!
Jeden Tag Yoga.

14. April

Glücklicher Start

Jeden Tag Yoga.
Doch wann?
Warte nicht, bis die Verpflichtungen dich
einspannen.
Tu es am besten gleich morgens.
Vor dem Frühstück.
Wenn der Tag noch unschuldig ist und du
das Glück mit Händen greifen kannst.

15. April

Großmut

Sei großartig und voller Großmut.
Auch wenn dein erster Impuls „nein" ist,
geh in dich und verwandle ihn in ein „ja" -
wenn du kannst.
So lebt und liebt es sich leichter.
Jeden Tag Yoga.

16. April

Dein innerer Tempel

Wenn es keinen Tempel im Außen gibt,
suche deinen inneren Tempel auf.
Verbeuge dich vor deinem inneren Guru.
Verneige dich vor der Großartigkeit und
Weisheit,
die in dir ist.
Du kennst den Weg.
Jeden Tag Yoga.

17. April

Pranareich

Wenn der Wind tost, ist die Luft
pranareich.
Aufgeladen mit Lebensenergie, sprühend
vor Kraft.
Atme und erfülle dich mit neuer Energie.
Jeden Tag Yoga.

18. April

Windenergie

Alles ist möglich.
Alles vergeht.
Alles ist nur in diesem Moment erlebbar.
Lebe im Jetzt.
Und lass es mit dem Wind vergehen.
Jeden Tag Yoga.

19. April

Bewahre dir dein kindliches Gemüt

Spiele, habe Spaß.
Nimm nicht alles so ernst.
Das Leben ist ein Spiel.
Spiel mit - sei kein Spielverderber.
Wenn du dir dein kindliches Gemüt
bewahrst, fällt es dir leicht.
Jeden Tag Yoga.

20. April

Wo auch immer du bist

- deine Yogamatte ist stets dabei.
Wo immer du hingehst, sie kommt mit.
Es findet sich ein Plätzchen für sie.
Du musst es nur wollen.
Jeden Tag Yoga -
deine Entscheidung.

21. April

Licht und Schatten

Jeder helle Moment hat seinen Schatten,
jede Medaille ihre Kehrseite, jeder Mensch
seine Vorzüge und Schwächen.
Schau mit liebevollem Blick auf alles.
Jeden Tag Yoga.

22. April

Der Weg ist das Ziel

Jeden Tag Yoga.
Nicht, um anzukommen.
Nicht, um perfekt zu werden.
Einfach Yoga.
Pures Sein.
Der Weg ist das Ziel.
Genieße deinen täglichen Weg mit Yoga,
im Sonnenschein und bei Regen.

23. April

Ins Blaue hinein

Manchmal ist es gut, einfach loszulegen.
Ohne Plan und ohne Ziel,
ins Blaue hinein.
Jeden Tag Yoga.
Mache einfach spontan die Übungen, die
dir in den Sinn kommen.

24. April

Sei offen für Neues

Sei voller Offenheit und Neugier für das,
was kommt.
Sei bereit, alles zu umarmen,
was dir auf deiner Reise durchs Leben
begegnet.
Jeden Tag Yoga.

25. April

Vorsorge

Jeden Tag Yoga, um deine Aura zu
stärken und dich zu schützen.
Vor Unfällen, Krankheiten und negativen
Energien.
Dein tägliches Yoga ist die beste Vorsorge.

26. April

Neutral

Du musst nicht bei allem mitmachen.
Nicht auf jede Frage antworten, nicht auf
jede Bemerkung reagieren.
Lerne, neutral zuzuhören und
zuzuschauen.
Jeden Tag Yoga.

27. April

Den Fokus halten

Bleibe ausgerichtet auf das Höchste.
Halte den Fokus auf deiner täglichen
Praxis.
Lass dich nicht davon ablenken.
Jeden Tag Yoga.

28. April

Das Nichts

Das Nichts ist immer präsent.
Es zeigt sich in der Leere zwischen den
Atemzügen.
Der Leere zwischen den Gedanken.
Jeden Tag Yoga.
Übe es, nichts zu sein.
Übe, nicht zu sein.

29. April

Wenn du ein Kind bist ...

... dann möchtest du ein Jugendlicher
sein.
Wenn du ein Jugendlicher bist, möchtest
du erwachsen sein.
Und wenn du erwachsen bist, möchtest
du vielleicht eine Katze sein.
Jeden Tag Yoga, um immer du selbst sein
zu wollen.

30. April

Zeit verstreichen lassen

Manchmal brauchst du einfach viel Zeit
für dich.
Zum Lesen, zum Spazierengehen und
zum Tanzen.
Lass ungetaktet Zeit verstreichen.
Jeden Tag Yoga.

1. Mai

Liebe leben

Liebe das Leben, lebe die Liebe.
Öffne dein Herz und sei offen für
Herzensbegegnungen.
Der Wonnemonat Mai macht es noch
möglicher.
Jeden Tag Yoga.

2. Mai

Wecke deine Chakras

Manchmal bist du müde.
Oder lustlos.
Auch dann mache dein Yoga.
Weckst du deine Chakras, so füllt sich
der Tag mit Leichtigkeit und Lebendigkeit.
Jeden Tag Yoga.

3. Mai

Wähle mit Bedacht

Du kannst täglich zwischen vielen
Optionen wählen - was du isst, sagst,
tust, denkst und fühlst.
Zum Beispiel kannst du jeden Tag Yoga
wählen.
Wähle mit Bedacht und entschuldige dich
für nichts.
Jeden Tag Yoga.

4. Mai

Mehr Zeit

Du kannst dem Leben nicht mehr Zeit
geben, aber der Zeit mehr Leben
einhauchen.
Zeit für dich.
Mache deine Zeit erlebbar.
Jeden Tag Yoga.

5. Mai

Es ist kein Unglück ...

..., nicht ständig glücklich zu sein.
Glück ist das I-Tüpfelchen, das
Sahnehäubchen, die Karotte vor der Nase
des Esels.
Jeden Tag Yoga, bleibe einfach dran.
Dann gibt es gelegentlich
absolute Glücksmomente.

6. Mai

Demut

Demut bedeutet nicht, sich zu
unterwerfen. Demut ist Hingabe.
Es ist das Wissen, sehr wenig zu wissen
und zu können und trotzdem nicht
nachzulassen in seinen Bemühungen.
Jeden Tag Yoga.
In Demut.

7. Mai

Motivation

Manchmal fällt es dir leicht,
dich zu motivieren.
Manchmal bist du leer.
Jeden Tag Yoga.
Ganz egal, wie es dir vorher geht.
Danach ist es besser.

8. Mai

Wo auch immer du bist

Wo du bist, da sei ganz.
In vollem Bewusstsein,
mit ganzem Herzen.
Sei präsent in jedem Atemzug.
Jeden Tag Yoga.

9. Mai

Prioritäten

Beginne mit dem Wichtigsten zuerst.
Deine to-do-Liste ist endlos lang und wird
täglich länger?
Dann begib dich zuerst auf deine Matte.
Jeden Tag Yoga.
Die Aufgaben laufen nicht weg.
Doch mit Glück erledigt sich einiges von
selbst.

10. Mai

Gegen alle Widerstände

Jeden Tag Yoga.
Und jeden Tag schreiben.
Manchmal musst du viele Widerstände
zur Seite räumen.
Tue es einfach, mit Hilfe von Ganesha,
oder wer immer dir zur Seite steht.

11. Mai

Erkenne die Botschaft

Jeder Tag hält etwas für dich bereit.
Erfahrungen, Herausforderungen,
Erkenntnisse.
Manchmal musst du genau hinschauen,
um die Botschaft zu verstehen.
Jeden Tag Yoga.
Mit Lächeln und Leichtigkeit.

12. Mai

Eins, zwei, null

Jeden Tag Yoga.
Mit oder ohne Kuchen.
Nimm zwei Stücke. Oder verzichte ganz
darauf.
Sag ja oder nein und vertraue darauf,
dass alles richtig ist,
so wie du es erhältst.

13. Mai

Wenn du ängstlich bist

Wenn du ängstlich bist, praktiziere Yoga Nidra.
Das beruhigt die Gedanken und ersetzt verlorenen Nachtschlaf.
Jeden Tag Yoga.

14. Mai

Liebe ist ein Tu-Wort

Du kannst so viel über Liebe sprechen, schreiben oder lesen. Doch am Ende zeigt sie sich in Taten.
Genauso ist es mit der Spiritualität und dem Yoga.
Jeden Tag Yoga - sprich nicht drüber, sondern tue es.

15. Mai

Sensibler

Jeden Tag Yoga macht dich sensibler.
Du spürst intensiver – das Schöne und
das Schwierige, die Liebe, den Schmerz,
die Angst und die Hoffnung.

16. Mai

Die Schönheit des Seins

Erfreue dich an der Schönheit des Seins.
Jeden Tag Yoga,
um deine Sinne zu schärfen,
um deine Wahrnehmung zu erfrischen.

17. Mai

Lehn dich an

Manchmal ist es leichter, mit
Unterstützung zu stehen.
Selbst Bäume stützen einander.
Jeden Tag Yoga - such dir dafür den
passenden Halt.

18. Mai

Der Duft der Rose

Wenn du jeden Tag Yoga praktizierst,
nimmst du so viel mehr wahr.
Zum Beispiel den Duft der Rose, ihr
zartes Bouquet, ihre empfindlichen
Blütenblätter.
Sie ist vergänglich, so wie du.
So wie wir alle.

19. Mai

Brücken bauen

Jeden Tag Yoga, um in die Ruhe zu
gelangen.
Nur die Ruhe bringt Klarheit und mit
Klarheit kannst du Brücken schlagen
zwischen unterschiedlichen Sichtweisen
und Vorstellungen.
Und Brücken verbinden.

20. Mai

Das Paradies

Im Außen kannst du ins Paradies reisen.
Fühle dich gesegnet, wenn deine
Lebensumstände es zulassen.
Ins innere Glück kannst du reisen,
wenn du deinen Blickwinkel änderst.
Finde das Paradies in dir –
jeden Tag neu, mit jedem Tag Yoga.

21. Mai

Spazierengehen

Einige Kilometer spazieren zu gehen,
ist auch Yoga.
Durch die blühende Natur,
mit einem Seelenfreund an deiner Seite
und der Bereitschaft zu lachen.
Jeden Tag Yoga.

22. Mai

Das Beste

Alles ist Energie und alles fließt.
Geben und Nehmen, einatmen
und ausatmen.
Wenn du dein Bestes gibst,
kommt so viel Gutes, Schönes und
Wunderbares zu dir zurück.
Jeden Tag Yoga, mit ganzem Herzen.

23. Mai

Kreise ziehen

Spiralen und Kreise sind wunderbare
Bewegungen für die Wirbelsäule.
Praktiziere sie täglich.
Jeden Tag Yoga.

24. Mai

Mach dir selbst eine Freude

Erfreue dich.
Mit jedem Tag Yoga.
Mit jedem Tag einer kleinen,
spielerischen Freude,
feiere dein Leben.
Feiere dich selbst.

25. Mai

Einzigartig

Sei einzig, nicht artig.
So wie die Rose,
die neben ihren Dornen
eine einzige Blüte produziert.
Jeden Tag Yoga, um deine
Einzigartigkeit zu feiern.

26. Mai

Mystisch

Jeden Tag Yoga.
Humme hum, brahm hum.
Lass die Welt am Zugfenster
vorbei ziehen, während du
in Klangwelten eintauchst.

27. Mai

Räume schaffen

Schaffe einen Raum in dir, in dem du
unantastbar bist.
In dem du dich finden und verlieren
kannst.
Jeden Tag Yoga - innen und außen.

28. Mai

Entspannung

Dass Yoga Entspannung bedeutet,
weiß eigentlich jeder.
Jede, die Yoga macht, möchte
sich entspannen.
Warum machen wir dann immer
zu viel anderes?
Jeden Tag Yoga.
Total entspannt.

29. Mai

Emotionalität

Dir deiner Gefühle bewusst zu sein,
hilft dir, tiefe Gespräche zu führen
und enge Bindungen einzugehen.
Jeden Tag Yoga hilft dir, dich nicht
in deiner Emotionalität zu verlieren.

30. Mai

Mit dem Strom fließen

Fließe mit dem Strom.
Umschiffe Widerstände.
Lass dich nicht von den Wogen
unterkriegen.
Reite die Wellen.
Jeden Tag Yoga.

31. Mai

Deine Laune, dein Schicksal?

Du brauchst nicht Spielball deiner
Launen zu sein.
Gäbe es nur gute Laune in Dosen!
Jeden Tag Yoga, um deine Laune steigen
zu lassen.
Und wenn alles nicht hilft,
öffne einfach die Dose ...

1. Juni

Rituale

Schaffe schöne Rituale.
Zum Beispiel jeden Tag Ingwerwasser.
Jeden Tag Gemüse.
Jeden Tag Umarmungen.
Und praktiziere als dein persönliches
Ritual jeden Tag Yoga.

2. Juni

So viele Ideen

Wenn du so viele Ideen hast, dass du gar
nicht weißt, wo du anfangen sollst, dann
beginne mit dem Naheliegenden.
Jeden Tag Yoga.
Starte auf der Matte und schau dann, wo
die Energie dich hin zieht.

3. Juni

Reise

Jeden Tag Yoga, an jedem Ort,
am besten morgens.
Reise mit Yoga um die Welt und in dir
weiter und weiter.
Und je weiter du reist, umso näher
kommst du dir.

4. Juni

Nicht in Stimmung?

Erst recht jeden Tag Yoga, wenn du dich
gar nicht danach fühlst.
Wenn du mal übers Ziel
hinausgeschossen bist.
Wenn du dich dem Genuss zu sehr
hingegeben hast.
Wenn du dich verausgabt oder deine
Grenzen nicht eingehalten hast ...

5. Juni

Ein einfaches Leben führen

Es ist schwer, ein einfaches Leben zu
führen.
Es gibt so viele Ablenkungen.
Dabei ist das Einfache so wunderbar.
Wasser trinken, Gemüse essen.
Lachen, lesen.
Jeden Tag Yoga.

6. Juni

Kleine Bäume

Brokkoli schmeckt so lecker.
Es sieht aus wie kleine Bäume.
Sieh das Kleine im Großen.
So wie jeden Tag Yoga deine kleine Welt
vergrößern und dich mit allem und allen
verbinden kann.

7. Juni

Bienenparty

Der Sommer ist da.
Wie immer kommt er überraschend.
Und die Bienen feiern eine Party.
Feiere auch du den Sommer.
Mit jedem Tag Yoga.

8. Juni

Der kleine Genuss

Gönne dir bei aller Arbeit und allen
Pflichten den kleinen Genuss.
Mit gutem Gewissen jeden Tag genießen,
jeden Tag Yoga.

9. Juni

Rückschläge und Niederlagen

Bei Rückschlägen und Niederlagen suche
den Kontakt zu deinem Wahren Selbst,
deinem inneren Kern, dem Teil,
auf den du dich immer verlassen kannst.
Du stärkst diesen Teil
mit jedem Tag Yoga.

10. Juni

Liebe ohne Flügel

Freundschaft ist Liebe ohne Flügel.
Wie in der Liebe gibt es zwischen dir und
dem Freund, der Freundin, Ähnlichkeiten
und Unterschiede.
Jeden Tag Yoga, um gelassen mit
Ähnlichkeiten und Unterschieden
umzugehen und dein Herz zu öffnen für
Liebe - mit oder ohne Flügel.

11. Juni

Genieße das Leben

Bei wunderschönem sommerlichem
Wetter fällt es dir leicht,
das Leben zu genießen.
Und wenn es wolkig ist,
hilft jeden Tag Yoga!

12. Juni

In Worten geborgen

Lesen und Yoga.
Täglich, als Grundbedürfnis.
In beidem fühlst du dich geborgen.
Beides trägt dich.
Oder was es für dich ist und tut.
Jeden Tag Yoga.

13. Juni

Meditiere

Jeden Tag Yoga.
Jeden Tag meditieren.
Sei ruhig kreativ, mutig und verspielt.
Folge deinem inneren Pfad und
nicht den ausgetretenen Wegen vieler.

14. Juni

Sommergefühle

Wenn der Sommer Fahrt aufnimmt,
hilft Yoga dir, die Energien zu
transformieren und zu bündeln.
Jeden Tag Yoga.

15. Juni

Wachse

Nicht jede Nacht ist erholsam,
nicht jeder Tag bringt nur Schönes.
Manchmal bist du müde, traurig,
schlapp.
Gerade dann raffe dich auf.
Und wachse weiter.
Jeden Tag Yoga.

16. Juni

Durch die Brille

Täglich Yoga zu praktizieren, stärkt deine
Fähigkeit, das Leben durch die Brille
eines anderen zu betrachten.
Im besten Falle hilft es dir, das Leben
durch eine rosarote Brille zu betrachten.
Und warum nicht in allem das Beste
sehen?
Jeden Tag Yoga.

17. Juni

Nie mehr Stress?

Schön wär's.
Täglich sind unliebsame Dinge zu
erledigen.
Oft hilft ein Wechsel des Blickwinkels.
Und wenn das nicht geht,
hilft jeden Tag Yoga immerhin dabei,
die Steuererklärung ohne Wutausbrüche
zu erledigen.

18. Juni

Wenn eine Tür sich schließt

... dann öffnet sich eine andere.
So heißt es zumindest.
Wie lange das dauert, wissen wir nicht.
Praktiziere inzwischen jeden Tag Yoga.
Voller Hingabe und ohne Erwartungen.

19. Juni

Erinnere dich

Erinnere dich daran, wer du wirklich bist.
Rufe dir ins Gedächtnis, was du alles
schon geschaffen und geschafft hast.
Jeden Tag Yoga hilft dir dabei.

20. Juni

Nicht aufgeben

Manchmal ist der Weg beschwerlich.
Beschwerden stellen sich ein,
Befindlichkeitsstörungen.
Doch auch wenn etwas weh tut und du
dich kaum aufraffen kannst:
Jeden Tag Yoga.

21. Juni

Yogatag

Heute ist internationaler Yogatag.
Ein Tag, um dich daran zu erinnern,
jeden Tag Yoga zu praktizieren.
Nicht nur heute.
Aber heute kann ein Anfang sein!

22. Juni

Deine Wahl

Es liegt nicht immer in deiner Hand,
was geschieht.
Doch es ist deine Wahl,
wie du Geschehnisse bewertest.
Dein Glück hängt von
deinen Gedanken ab.
Mit jedem Tag Yoga schaffst du es mehr,
das Gute in allem zu sehen.

23. Juni

Verbeuge dich

Verbeuge dich vor dem
Unausweichlichen, vor dem,
was du nicht kontrollieren kannst –
und vor jedem Seelentier.
Jeden Tag Yoga.
Mit oder ohne Begleitung.

24. Juni

Übergangsweise

Dein ganzes Leben ist ein einziges
„Übergangsweise".
Der Wandel ist permanent.
Und er hat immer Neues im Gepäck.
Jeden Tag Yoga hilft dir, stabil zu bleiben.

25. Juni

Blühend

Blühe auf mit jedem Tag Yoga.
Sonne, Bewegung und Umarmungen
bringen deine Endorphine zum Fließen.

26. Juni

Katzenyoga

Von Katzen kann man so viel lernen:
Im Hier und Jetzt sein.
Sich ausgiebig dehnen und strecken.
Nur das essen, was man mag.
Sich streicheln lassen oder die Krallen
ausfahren.
Eleganz und Hingabe.
Und natürlich entspannen.
Jeden Tag Yoga.

27. Juni

Gib niemals auf

Lass dich nicht unterkriegen von Dingen,
die geschehen.
Am nächsten Tag kann die Welt schon
ganz anders aussehen.
Schau dir an, wie gut es dir geht.
Jeden Tag Yoga.

28. Juni

Unergründlich

Unsere Wege sind verschlungen.
Oft scheint es sogar, als wären sie
unergründlich.
Doch was, wenn sie einem geheimen Plan
folgen?
Jeden Tag Yoga, auf den Spuren des
Mysteriums.

29. Juni

Lerne zu leben

Sei in jedem Moment präsent.
Denke nicht an das Vorher oder Nachher.
Lass los, was war, und kümmere dich
nicht um das, was kommen mag.
Jeden Tag Yoga.
In vollem Gewahrsein.

30. Juni

Verbündete

Du brauchst Verbündete, die dich bei
deiner Mission unterstützen.
Allein geht es sich schwer im
unwegsamen Gelände.
Jeden Tag Yoga, denn Yoga bedeutet
Anbindung.

1. Juli

Yin und Yang

Jeden Tag Yoga, um die - vermeintlichen -
Gegensätze zu vereinen.
Das Dunkle mit dem Hellen,
das Schwere mit dem Leichten,
männliches und weibliches Prinzip.

2. Juli

Gänseblümchen

Gänseblümchen sind ein Symbol von
Ausdauer und Anpassungsfähigkeit.
Sie trotzen den Widrigkeiten und wachsen
selbst in den schwierigsten Umgebungen.
Gänseblümchen zeigen uns, dass wir
selbst in schwierigen Zeiten blühen und
unser Potenzial entfalten können.
Dafür praktiziere jeden Tag Yoga.

3. Juli

Sei du selbst

Sei du selbst, denn niemand sonst kann
es so gut wie du.
Sei du selbst, denn das ist die schönste
Art, einzigartig zu sein.
Jeden Tag Yoga.
Für dich.
Mit dir selbst.

4. Juli

Ungelegte Eier

Mach dir keine Sorgen über ungelegte
Eier, mögliche Geschehnisse oder
vermutete Ereignisse.
Mach stattdessen jeden Tag unverdrossen
weiter Yoga.
Alles geschieht,
wie es geschehen soll.

5. Juli

Bei Sonne und Regen

Genieße die Pause vom Sommer,
wenn es nach heißen Tagen einige Zeit
lang regnet.
Jeden Tag Yoga – bei Sonne und Regen.

6. Juli

Farbe und Geschmack

Sogar dein Geschmacks- und
Geruchssinn werden sich entfalten, wenn
du jeden Tag Yoga praktizierst.
Farben und Aromen werden reichhaltiger
und voller erstrahlen - so wie du selbst.

7. Juli

Kreativer Fluss

Manchmal fließt es einfach.
Yoga, atmen, schreiben, denken,
arbeiten, alles im Fluss.
Go with the flow.
Jeden Tag Yoga.

8. Juli

Die richtige Einstellung

Tue alles, was du tust, mit der richtigen
Einstellung.
Du hast immer die Wahl, Dinge
halbherzig oder mit voller Achtsamkeit
zu erledigen, selbst wenn es nur das
Wischen des Bodens ist.
Jeden Tag Yoga.

9. Juli

Ruh dich aus

Jeden Tag Yoga zu praktizieren kann
deine Zeitwahrnehmung beeinflussen.
Nimm dir Zeit, um auszuruhen.
Um einfach zu sein.
Um das pure Sein zu genießen,
besonders, wenn es sehr warm ist.

10. Juli

Das Geschenk

Du hast dieses Leben geschenkt
bekommen. Und deinen Körper und die
Lebensumstände gleich dazu.
Du hättest es schlechter treffen können.
Also hör auf, dich zu beklagen.
Mache das Beste draus –
und jeden Tag Yoga.

11. Juli

Ein Detail

Du bist nur ein kleines Wesen.
Ein winziges Menschlein, welches schon
im Vergleich zu einem prächtigen Baum
unbedeutend ist.
Nimm dich also selbst nicht so wichtig.
Praktiziere jeden Tag Yoga und sei dir
bewusst, dass du nur ein Detail im Bild
bist.

12. Juli

Erblühe

Die Palmlilie blüht nur einmal alle paar
Jahre.
Sie bereitet sich sorgfältig vor und hegt
ihre Blüten.
Erblühe auch du –
indem du jeden Tag praktizierst.

13. Juli

Weggefährten

Du begegnest so manchem auf deinem
Weg durch dieses Leben.
Manche kreuzen deinen Weg nur kurz,
mit anderen legst du eine gewisse Strecke
gemeinsam zurück.
Und manche bleiben.
Für immer und ewig.
Mache dein tägliches Yoga zu deinem
dauerhaften Begleiter.

14. Juli

Das Spiel des Lebens

Vertraue dem Spiel des Lebens.
Es wird dir immer wieder neue
Spielgefährten zukommen lassen.
Habe Spaß, sei kreativ –
und praktiziere jeden Tag Yoga.

15. Juli

Stufe für Stufe

Geh Schritt für Schritt, Stufe für Stufe
auf deinem spirituellen Weg.
Manchmal ist er leicht, manchmal
beschwerlich.
Jeden Tag Yoga hilft dabei, dran zu
bleiben.

16. Juli

Sei das Licht

Wenn es dunkel wird um dich herum,
dann sei du das Licht.
Sei mitfühlend, großzügig, voller
Zuversicht.
Jeden Tag Yoga hilft dir dabei, dein Licht
zu finden und erstrahlen zu lassen.

17. Juli

Natürliche Bedürfnisse

Schlafe, wenn du müde bist.
Iss, wenn du hungrig bist.
Lache, wenn du fröhlich bist.
Jeden Tag Yoga zu praktizieren,
hilft dir dabei, deine natürlichen
Bedürfnisse mehr und mehr
wahrzunehmen.

18. Juli

Spezialisiere dich

Sich auf seine Schwächen zu
spezialisieren, riet einst ein Yogaguru.
Er wusste sicher, warum.
Noch schöner: Lehre das, was du zu
lernen am nötigsten hast.
Zum Beispiel Yoga.
Fange damit an, jeden Tag Yoga zu
praktizieren.

19. Juli

Sei eine Welle

Stell dir vor, du bist eine Welle im Ozean.
Fühle die Kraft und Bewegung,
nimm wahr, wie du dich sanft bewegst
und gleichzeitig stark und mächtig bist.
Jeden Tag Yoga.

20. Juli

Die kleinen Pflichten des Alltags

Erledige auch die kleinen Pflichten –
Wäsche aufhängen, einkaufen, kochen –
mit einem Lächeln.
Erfreue dich am Ergebnis genauso wie am
Prozess.
Praktiziere jeden Tag Yoga mit derselben
Einstellung.

21. Juli

Tiefe Zeit

Glück ist, in tiefe Zeit einzutauchen.
Gedanken fließen zu lassen.
Worten dabei zuzuschauen,
wie sie sich zu Sätzen formen.
Nimm dir jeden Tag Zeit,
in deine Yoga Praxis einzutauchen.

22. Juli

Mitten hinein

Mitten hinein in die Wildnis,
den Neubeginn, das Ungewohnte.
Lass deine Bedenken hinter dir
und stürze dich in dieses große
Abenteuer, das Leben heißt.
Jeden Tag Yoga ist deine Konstante.

23. Juli

Tu, was getan werden muss

Egal, ob die Toilette geputzt werden,
eingekauft oder die Wand gedämmt
werden muss - tue alles mit einem
Lächeln und voller Freude darüber,
dass du auf dieser Welt bist
und es tun kannst.
So wie du jeden Tag Yoga praktizieren
kannst.

24. Juli

Größer oder kleiner?

Frage dich bei wichtigen Entscheidungen
nicht, ob du dazu Lust hast oder nicht.
Frage dich lieber,
ob es dich größer oder kleiner macht.
Jeden Tag Yoga hilft dir,
in deine Kraft zu kommen.

25. Juli

Ausrichtung

Wenn du jemand bist, der nach außen
gerichtet ist und seine Energie aus dem
Zusammensein mit anderen Menschen
zieht, dann begib dich in Gesellschaft.
Wenn du jedoch deine Energie aus dem
Alleinsein mit dir selbst gewinnst, dann
umgib dich mit Büchern.
Jeden Tag Yoga –
in Gesellschaft oder allein.

26. Juli

Fühle, was du fühlst

Fühle das Gefühl,
aber werde nicht zu ihm.
Bezeuge es.
Beobachte es.
Erlaube es.
Und dann lass es los.
Jeden Tag Yoga.

27. Juli

Spare nicht mit Lob

Mache Komplimente.
Lobe die Menschen, die dir nahe stehen,
und auch diejenigen, die es nicht tun.
Verschenke positive Energie.
Lade zum Lächeln ein und lade dich
selbst auf, indem du jedem Tag Yoga
praktizierst.

28. Juli

Wahrnehmungsfähigkeit

Geh mit offenen Augen durch die Welt.
Sei bereit zu staunen.
Erkenne die Schönheit in Allem.
Bleib jung im Herzen.
Mache jeden Tag Yoga.

29. Juli

Ein Plätzchen

Du findest überall ein Plätzchen, um
deine behelfsmäßige Matte auszurollen.
Auch wenn du unterwegs bist und
eigentlich keinen Platz im Handgepäck
hast, nimm das Minimum mit –
jeden Tag Yoga, wo immer du bist.

30. Juli

Glück ist eine Entscheidung

Entscheide dich dafür, glücklich zu sein.
Richte die Aufmerksamkeit auf das, was
dich glücklich macht und nicht auf das,
was dem Glück im Weg steht.
Jeden Tag Yoga hilft dabei,
richtige Entscheidungen zu treffen.

31. Juli

Pfeif drauf

Kümmere dich nicht darum,
wie du auf andere wirkst.
Lass es dir egal sein,
wie du auf Fotos aussiehst.
Pfeif darauf,
was andere von dir denken.
Richte dich immer mehr
nach innen aus.
Jeden Tag Yoga.

1. August

Tanzen ist wie Yoga

Tanzen macht glücklich.
Tanze, als würde dir niemand zusehen.
Mach es für dich selbst,
nicht fürs Außen.
Wie es wirkt, ist einerlei.
So wie dein tägliches Yoga auch nur dir
zu gefallen braucht.

2. August

Magisches Licht

Das Licht kann erhellen, erleuchten, in
Szene setzen.
Erleuchte dich selbst,
sei das Licht deiner eigenen inneren
Szenerie.
Tägliches Yoga hilft dir dabei.

3. August

Gib nichts auf Kritik

Wenn jemand mit deinem Leuchten nicht
klarkommt, ist das sein Problem,
nicht deines.
Lass dir nichts einreden -
lass dich nicht kleinreden.
Geh unbeirrt deinen Weg,
mit jedem Tag Yoga.

4. August

Bittersüß

Alle Geschmacksrichtungen gehören
dazu. Versuche nicht, das Bittere, Saure
oder Scharfe auszuschließen.
Probiere und genieße jedes Aroma - wie
jeden Tag Yoga mal sanft, mild, erholsam,
und auch mal fordernd oder
schweißtreibend sein darf.

5. August

Warte nicht

Weil es niemals den perfekten Zeitpunkt
für irgendetwas gibt, entscheide dich
einfach das zu tun, wonach dein Herz
begehrt.
Jeder Moment ist perfekt.
Jeden Tag Yoga.

6. August

Folge deiner Sehnsucht

Lass dich von deiner Sehnsucht leiten.
Folge ihr wie dem Stern der Weisen.
Jeden Tag Yoga hilft dir,
den Mut dafür zu entwickeln.

7. August

Der Weg ist das Ziel

Manche Wege sind so schön,
dass du am liebsten ständig
innehalten und schauen möchtest.
Und warum auch nicht.
Bleib stehen, wenn dir danach ist.
Genieße jeden Schritt, jede Stufe.
Jeden Tag Yoga.

8. August

Weltkatzentag

Nicht nur am Weltkatzentag kannst du
die Anmut und Eleganz deiner Gefährten
bewundern.
Sie praktizieren jeden Tag Yoga, ohne
Yoga zu kennen oder es zu benennen.

9. August

Einatmen, ausatmen

Inspiration bedeutet Einatmung.
Lass dich inspirieren und schaffe Neues.
Manchmal hilft auch Kaffee dabei.
Und das Innehalten beim täglichen Yoga.

10. August

Das, was ist

Erfreue dich an dem, was ist.
Lass alles hinter dir, was war, und
kümmere dich nicht um das,
was kommen mag.
Jeden Tag Yoga.

11. August

Sorgen

Wenn du dir Sorgen machst, versuche
deine Aufmerksamkeit auf etwas anderes
zu lenken.
Zum Beispiel auf Einhörner.
Das, worum du dich sorgst, tritt so selten
ein, wie du Einhörner im Wald siehst.
Und vergiss nicht, jeden Tag Yoga zu
machen.

12. August

Schau zu

Beobachte.
Nimm wahr.
Du brauchst nicht immer zu agieren oder
zu reagieren.
Werde zum Zuschauer.
Aus dem Zuschauerraum heraus kannst
du genießen - mit jedem Tag Yoga.

13. August

Warte nicht auf die Erleuchtung

Warte nicht darauf, dass sich dir etwas
Bedeutendes enthüllt.
Über dich stattdessen in Demut.
Sitzen, atmen, üben.
Jeden Tag Yoga.

14. August

Kind deiner Eltern

Auch wenn du schon längst erwachsen
bist, bleibt ein Teil von dir immer Kind -
das Kind deiner Eltern.
Damit du bei Treffen mit ihnen nicht von
deinem kindlichen Ich aus reagierst, hilft
dir:
Jeden Tag Yoga.

15. August

Yoga ist ein Zustand

Yoga ist eher ein Zustand als etwas,
das du aktiv tust.
Finde deine innere Ruhe und
wandle in deinen Fantasiegärten,
beflügelt durch ein Buch.
Jeden Tag Yoga.

16. August

Stille und Schweigen

Tauche ein in wohltuende Stille.
Sie ist Balsam für dein Nervensystem,
besonders nach Stunden des Redens.
Nur im Schweigen kannst du deinen
Akku wieder aufladen.
Jeden Tag Yoga.

17. August

Ein langer, ruhiger Fluss

Das Leben ist ein langer, ruhiger Fluss -
wenn es gut läuft.
Manchmal gibt es auch Stromschnellen,
plötzliche Verwirbelungen oder
Staudämme.
Begegne allem, was dir widerfährt, mit
Gleichmut -
durch jeden Tag Yoga.

18. August

Genussvoll

Iss genussvoll.
Praktiziere genussvoll.
Lebe genussvoll.
Koste die Herrlichkeit des Seins aus.
Jeden Tag Yoga.

19. August

In deinem Kopf

Manchmal schwirrt dir der Kopf von zu
viel Input.
Besinne dich auf dich selbst und folge
deinen eigenen Gedankengängen, mögen
sie noch so versponnen sein.
Fürchte dich nicht davor,
seltsam zu sein.
Jeden Tag Yoga.

20. August

Bow to your Isht

Verbeuge dich vor dem, was du nicht
kontrollieren kannst.
Verneige dich vor dem Unerklärlichen und
Mystischen, das sich deinem Einfluss
entzieht.
Jeden Tag Yoga.

21. August

Sonne oder Regen

Ob die Sonne scheint, oder ob es regnet.
Ob du traurig bist oder fröhlich.
Ob du dich wunderbar fühlst oder nicht
so gut - jeder Tag ist ein guter Tag für
Yoga.

22. August

Sommertage

Genieße es, im Meer zu schwimmen.
Das kühle Wasser und die warme Luft auf
der Haut zu spüren.
Lass dich tragen.
Im Spiel der Elemente verbinde dich mit
allem, was ist.
Jeden Tag Yoga.

23. August

Lass die Gedanken vorüber ziehen

Manchmal argumentierst du –
sogar noch in Gedanken mit dir selbst.
Doch das führt niemals zu innerer Ruhe
und Gelassenheit.
Lass die Gedanken stattdessen vorüber
ziehen.
Wie Wolken im Wind.
Jeden Tag Yoga.

24. August

Unerwartet und überraschend

Manche Geschenke kommen von
vollkommen unerwarteter Seite.
Sei immer offen und dankbar für alles –
für Geschenke und auch für Lektionen.
Jeden Tag Yoga.

25. August

Erfreue dich an der Natur

Jetzt ist die Zeit verschwenderischer
Blüte.
Erfreue dich an Farben, Düften und
Formen, an all der Schönheit der Natur,
die sich üppig verschenkt, ohne an später
zu denken.
Jeden Tag Yoga.

26. August

Dimensionen

Auch wenn du dich groß fühlst, bist du
klein.
Ein Staubkorn angesichts von
Monumenten, ein Zucken im Bauch des
Universums.
Mach dir das bewusst – jeden Tag Yoga.

27. August

Der unendliche Klang

OM ist in dir, auch wenn es mal wie Ong
und mal wie Oh Mann klingt.
Nimm dich selbst nicht zu wichtig.
Schon morgen bist du die Geschichte von
gestern.
Jeden Tag Yoga.

28. August

Feuerzeremonie

Was kommt, was bleibt – du weißt es
nicht.
Halte nicht fest an Menschen, Ideen oder
Dingen.
Die reinigende Kraft des Feuers hilft dir
beim Loslassen.
Jeden Tag Yoga.

29. August

We are we

Wir sind wir und wir sind eins.
We are we and we are one.
Humme Hum, brahm hum.
Singe und chante.
Jeden Tag Yoga.

30. August

Einmal Yogi, immer Yogi

Wenn du einmal angefangen hast, den
Pfad des Yoga zu gehen, bist du ein Yogi.
Mehr braucht es nicht, nur Bereitschaft
und Disziplin.
Jeden Tag Yoga.

31. August

Geh deinen Weg

Wenn du dich für einen Weg entschieden hast, geh ihn mit Beharrlichkeit und Hingabe weiter.
Lass dich nicht beirren.
Jeden Tag Yoga.

1. September

Liebe ist, was Liebe tut

Handle aus Liebe.
Agiere aus dem Herzen heraus.
Sprich nicht (nur) über Liebe, sondern
lass Taten sprechen, denn Liebe ist, was
Liebe tut.
Jeden Tag Yoga.

2. September

Schlafe nie zweimal unter demselben Baum

So lautete das Credo der Wanderyogis.
Auch wenn du es nicht ganz so eng
siehst:
Egal, wo du bist, nimm deine Yogamatte
mit.
Jeden Tag Yoga.

3. September

Perfekte Tage

Nimm das Leben, wie es ist.
Und wenn es einen Wimpernschlag lang
annähernd perfekt ist, genieße den
Moment.
Jeden Tag Yoga.
Immer und überall.

4. September

Erfülle deinen Teil

Den Kopf einzuziehen, bringt nichts.
Du musst deinen Teil erfüllen, auch wenn
es so scheint, dass er zu klein ist, um
wirklich etwas zu ändern.
Dennoch, leiste deinen Beitrag.
Mit jedem Tag Yoga beginnt es.

5. September

Freiheit

Freiheit ist ein kostbares Gut.
Frei zu sein von Zwängen, ist Luxus.
Genieße diesen Luxus, wann immer es
geht.
Jeden Tag Yoga.

6. September

Ungeduld

Zügle deine Ungeduld.
Erwarte nicht ständig alles und sofort.
Erkenne an, dass jeder Mensch sein
eigenes Tempo hat.
Jeden Tag Yoga.

7. September

Überzeugungen

Wenn du nicht weißt, für was du stehst,
wofür willst du dann fallen?
Steh für deine Überzeugungen, deine
Sicht der Welt und deine Wahrheit ein.
Du wirst nie alle erreichen können - du
kannst nicht alle glücklich machen.
Nur dich selbst.
Jeden Tag Yoga hilft.

8. September

Energieräder

Schwinge dich auf die Energie der
anderen ein – und spüre deine eigene
Schwingung.
Manchmal schwingst du im Gleichtakt
mit den Liebsten, und manchmal nicht.
Jeden Tag Yoga.

9. September

Yoga am Meer

Draußen an der frischen Luft ist Yoga
besonders schön.
Meeresluft ist so voll von Energie.
Atme ein, atme aus.
Alles darf so sein, wie es ist.
Jeden Tag Yoga.

10. September

Garant für Frieden

Nichts garantiert den Frieden in
Beziehungen so, wie einfach mal den
Mund zu halten.
Wenn die Emotionen hochkochen, sage
nichts.
Atme.
Schweige.
Und schau zu, wie sie sich auflösen.
Jeden Tag Yoga.

11. September

Bis der Nebel sich lichtet

Nebel zeichnet Konturen weich.
Selbst die des Meeres.
Bis der Nebel sich lichtet, lausche dem
Plätschern der Wellen.
Und praktiziere dein Yoga.

12. September

Blick in die Weite

Weite deinen Blick.
Atme tief und genussvoll, die Luft
schmeckt herrlich am Meer.
Genieße den Moment, er ist alles, was du
hast.
Jeden Tag Yoga.

13. September

Schweigend schauen

Schau schweigend.
Dann schließe die Augen und schau nach
innen.
Dort ist ein ganzes Universum.
Jeden Tag Yoga.

14. September

Dankbarkeit

Sei dankbar für Momente der Ruhe, der
Klarheit und der inneren Stille.
Jeden Tag Yoga für dein inneres Paradies.

15. September

Kreise zur Unendlichkeit

Wenn du im Kreis gehst, kommst du immer wieder zurück an deinen Ausgangspunkt.
Zugleich entwickelst du dich weiter und verbindest dich mit der Unendlichkeit.
Jedes Ritual schließt einen Kreis und verankert dich in deinem Sein, daher praktiziere jeden Tag Yoga.

16. September

Genau richtig

Du bist genau da, wo du sein sollst.
Du bist genau richtig, so wie du bist.
Du bist ein Geschenk für die Welt.
Jeden Tag Yoga.

17. September

Verschlungene Wege

Versuche nicht, die Beweggründe des
Lebens zu hinterfragen, dir Aufgaben zu
stellen.
Nimm alles so hin, wie es ist.
Jeden Tag Yoga.

18. September

Zuhause

Manchmal fühlst du dich sofort irgendwo
heimisch.
Du kommst an und spürst, du bist
angekommen in deinem Zuhause.
Dieses Zuhause ist in dir.
Mit jedem Tag Yoga kommst du mehr und
mehr bei dir an.

19. September

Wunder

Sei immer bereit für Wunder.
Nimm nichts für selbstverständlich,
nichts für unveränderlich.
Jeder Tag deines Lebens kann ein
Wunder sein.
Jeden Tag Yoga.

20. September

Motivation

Das Lob der Welt kann dir keine Basis
sein. Was dich in Wahrheit hebt und
hält, muss in dir selber leben.
Finde deine Wahrheit in dir.
Deine Motivation.
Mit jedem Tag Yoga.

21. September

Suche den Weg zur Freude

Geh immer den freudvollen Weg,
wenn du die Wahl hast.
Suche die Freude, auch wenn der Weg
steinig ist.
Finde Freude in dem, was du tust, und in
dem, was du tun musst.
Jeden Tag Yoga.

22. September

Mach einfach weiter

Manchmal hast du das Gefühl,
dass all deine Bemühungen und
Anstrengungen nichts bringen,
dass dein Hegen und Pflegen keine
Früchte trägt,
dass nichts besser wird.
Selbst wenn es so wäre –
mach einfach weiter.
Jeden Tag Yoga.

23. September

Genieße die Natur

Wertschätze alles,
was die Natur dir bietet.
Erlaube dir, zu genießen.
Jeden Tag Yoga,
genussvoll und natürlich.

24. September

Alles fließt

Alles ist im Fluss.
Und manchmal fließen auch Tränen.
Alles darf sein - mit jedem Tag Yoga.

25. September

Alleinsein

Alleinsein ist köstliche Einsamkeit.
Wenn du genug geredet hast,
lade dich auf.
Allein mit dir in wunderbarer Stille.
Jeden Tag Yoga.

26. September

Technostress

Technostress bezeichnet all die digitalen
Herausforderungen, denen du Tag für Tag
ausgesetzt bist.
Entfliehe ihnen zumindest einmal täglich
- mit Yoga.

27. September

Glück ist, was du täglich tust

Täglich lesen, täglich lächeln.
Täglich Kaffee trinken, täglich kochen.
Täglich schreiben, täglich meditieren.
Glück ist, was du täglich tust.
Jeden Tag Yoga.

28. September

Selbstheilung

Dein Körper kann so viel.
Ständig laufen Reparaturprozesse ab.
Mal spürst du sie, mal sind sie im
Hintergrund.
Unterstütze deinen Körper mit guter
Ernährung, guten Gedanken und jedem
Tag Yoga.

29. September

Bleibe flexibel

Gesundheit bricht zusammen,
wenn du Veränderungen widerstehst.
Sie verbessert sich durch alles, was im
Einverständnis mit dem Wandel
geschieht.
Jeden Tag Yoga hilft, flexibel zu bleiben.

30. September

Segen

Lass dich segnen.
Suche Segen.
Segne dich selbst.
Es liegt alles in deinem Sein.
Jeden Tag Yoga.

1. Oktober

Tor zu anderen Welten

Es liegt direkt vor dir und verbindet die
eine mit der anderen Welt.
Du brauchst nur hindurch zu gehen.
Traust du dich?
Jeden Tag Yoga.

2. Oktober

Starte jeden Tag mit Yoga ...

... und dann schau, wohin es dich bringt.
Lass dich auch mal treiben, sei
spielerisch und vor allem, nimm nicht
alles so ernst.
Vor allem nicht dich selbst.
Jeden Tag Yoga.

3. Oktober

Wenn alles stimmt

Sei ganz im Hier und Jetzt,
wenn alles stimmt.
Sammle Sonnenstrahlen für die
schattigeren Tage.
Auch die werden kommen.
Und gehen.
Jeden Tag Yoga.

4. Oktober

Die zwei wichtigsten Beziehungen

Pflege die beiden wichtigsten
Beziehungen:
Die zwischen Jetzt und Immer und die
zwischen deinem individuellen und dem
universellen Selbst.
Jeden Tag Yoga.

5. Oktober

Das Problem ist selten das Problem

Die meisten Probleme entstehen in
deinem Kopf.
Nur ein Bruchteil wurzelt in der Realität.
Das Problem ist meistens nicht das
Problem – sondern das, was du darüber
denkst.
Jeden Tag Yoga, um deine Gedanken zu
trainieren.

6. Oktober

Was du am nötigsten hast

Lehre das,
was zu lernen du am nötigsten hast.
Sei demütig und erkenne,
dass du ewig Anfänger bist.
Jeden Tag Yoga.

7. Oktober

Akzeptiere und finde Frieden

Akzeptiere Unvollkommenheit.
Nimm Unsicherheit hin.
Akzeptiere das Unkontrollierbare.
Du musst etwas nicht verstehen,
tolerieren oder sogar vergessen.
Doch wenn du Frieden willst, solltest du
es akzeptieren.
Jeden Tag Yoga.

8. Oktober

Das Geheimnis ewigen Glücks

„Was ist das Geheimnis ewigen Glücks?"
„Dich nicht mit Narren zu streiten."
„Nein, ich stimme nicht zu!"
„Ja, du hast recht."
Jeden Tag Yoga.

9. Oktober

Stille und Zeit

Die wenigsten Probleme werden gelöst
indem du angestrengter nachdenkst.
Du wirst die Antworten, die du suchst,
schweigend, rechtzeitig und mit klarem
Verstand finden.
Wenn du ein Problem nicht lösen kannst,
dann höre auf, es zu versuchen.
Jeden Tag Yoga.

10. Oktober

Zuversicht

Verliere nie die Zuversicht, dass sich
Dinge zum Besseren wenden können.
In deinem privaten Umfeld und global in
der Welt.
Praktiziere jeden Tag Yoga und schicke
positive Energie hinaus.

11. Oktober

Paukenschlag

Manche Tage beginnen mit einem
Paukenschlag.
Unversehens verletzt dich jemand,
der dir nahesteht.
Wenn die Gefühle dich zu überwältigen
drohen, atme – und denke daran:
Jeden Tag Yoga.

12. Oktober

Was immer

Was immer passieren muss, wird
passieren.
Bis dahin iss, trink und sei froh.
Und praktiziere jeden Tag Yoga!

13. Oktober

Wenn dir etwas am Herzen liegt

Wenn es etwas gibt, das dir wirklich am Herzen liegt, sei es schreiben, einen Spaziergang machen oder in Ruhe Kaffee trinken: Tue es gleich morgens als erstes, so wie jeden Tag Yoga.

14. Oktober

Was du dir verdienen musst

Ein geschmeidiger Körper, ein ruhiger Geist, ein Zuhause voller Liebe - das kann man sich nicht kaufen, das muss man sich verdienen.
Jeden Tag Yoga.

15. Oktober

Glaub an dich

Du glaubst nicht, dass du diese Chance
verdienst?
Bewirb dich trotzdem.
Glaubst du, dass dein Artikel nicht gut
genug ist?
Veröffentliche ihn trotzdem.
Glaub an dich.
Jeden Tag Yoga.

16. Oktober

Deine innere Wahrheit

Es gibt keine objektive Wahrheit.
Du siehst alles, was geschieht, durch den
Filter deiner Wahrnehmung.
Manche sagen sogar, um die Wahrheit
glaubwürdig zu machen, müsste sie mit
Lüge durchmischt sein.
Lebe deine innere Wahrheit,
dein Satnam – mit jedem Tag Yoga.

17. Oktober

Drei Wahrheiten

1. Glück ist ein innerer Zustand und nichts, was du im Außen erreichen kannst.
2. Zu vergeben macht dich frei.
3. Nichts währt ewig.
Jeden Tag Yoga!

18. Oktober

Herzensarbeit

Es kann keine Heilung ohne Herzensarbeit geben.
Es kann auch keine Fülle des Lebens geben, ohne dass du dich mit Herzenswärme und hingebungsvoll dafür einsetzt.
Jeden Tag Yoga.

19. Oktober

Was du verlieren musst

Wenn du das Gefühl hast, alles zu
verlieren, denke daran, dass die Bäume
jedes Jahr ihre Blätter verlieren.
Aber sie stehen immer noch aufrecht und
warten auf bessere Tage.
Jeden Tag Yoga.

20. Oktober

Das Dilemma menschlichen Lebens

Was sind wir?
Egos!
Und was wollen wir?
Probleme!
Warum?
Um Opfer zu sein!
Und gefällt uns das?
JA!
Nein???
Dann löse dich davon und übe jeden Tag
Yoga.

21. Oktober

Sei nicht so streng

Du bist wunderschön.
Du machst alles richtig -
sei nicht so streng mit dir.
Entspann dich!
Mit jedem Tag Yoga etwas mehr.

22. Oktober

Sei ein Einhorn

Du kannst alles sein, was du willst.
Sogar ein Einhorn.
Und wenn du das nicht möchtest, sei
einfach du selbst.
Vollkommen DU, ehrlich und
authentisch.
Mit jedem Tag Yoga.

23. Oktober

Komm in deine Kraft

Wenn du den richtigen Ort für dich
gefunden hast, wirst du wachsen.
Du wirst über dich selbst hinauswachsen
und in all deiner unglaublichen Kraft
erstrahlen.
Es ist alles in dir –
erwecke es mit jedem Tag Yoga.

24. Oktober

Bist du gestresst?

Jeden Tag ist so viel zu erledigen.
Setzt dich das unter Stress?
Dann brauchst du die Zeit für dich
umso notwendiger.
Nimm sie dir.
Jeden Tag Yoga.

25. Oktober

Lächle, und die Welt lächelt zurück

Was du ausstrahlst,
kommt zurück zu dir.
Wenn du lächelst,
lächelt die Welt dich an.
Wenn du wütend bist,
wird sie dir mit Wut begegnen.
Begegne der Welt strahlend.
Jeden Tag Yoga.

26. Oktober

Vagabundieren

Egal, wohin du gehst.
Einerlei, wo du schläfst.
Wenn du morgens erwachst,
findest du immer ein Plätzchen –
selbst, wenn du deine Matte vergessen
hast - für dein tägliches Yoga.

27. Oktober

Wenn etwas wehtut

Selbst wenn du dich jeden Tag bewegst
und an dir arbeitest – dir darf auch mal
etwas weh tun.
Das ist vollkommen normal.
Und du weißt, was du tun kannst,
dein tägliches Yoga.

28. Oktober

Asanas

Es gibt so viele verschiedene
Yogapositionen.
Du hast eine schier endlose Auswahl zur
Verfügung.
Daher braucht es nie langweilig zu
werden.
Jeden Tag Yoga.

29. Oktober

Drei Affirmationen

Sage dir täglich diese drei Affirmationen:
Ich bin frei, ich selbst zu sein.
Ich bin mir selbst treu.
Ich bin schön, so wie ich bin.
Jeden Tag Yoga.

30. Oktober

Privilegiert

Jeder Tag, an dem du und deine Liebsten
in Gesundheit und Frieden leben und
genug zu essen haben,
ist ein gesegneter Tag.
Sei dir deines Privilegs bewusst.
Jeden Tag Yoga.

31. Oktober

Liebe ist alles

Liebe ist alles und alles ist Liebe.
Wenn du liebst, wirst du geliebt.
Alles, was du ausstrahlst und projizierst,
kommt zu dir zurück.
Das ist ein Gesetz des Universums.
Jeden Tag Yoga.

1. November

Reiche dem Wunder die Hand

Reiche dem Wunder die Hand, damit es
sie ergreifen kann.
Bleibe wach im Hier und Jetzt.
Gib dem Schmerz Raum und zugleich
öffne der Schönheit dein Herz.
Der Schlüssel dafür könnte Liebe sein.
Jeden Tag Yoga.

2. November

Dein Lieblingsplatz

An deinem Lieblingsplatz ruhst du gerne
aus, schaust in den Himmel oder aufs
Meer.
Die Erinnerung daran begleitet dich auch
durch trübere Tage.
Jeden Tag Yoga.

3. November

Endlichkeit

Wenn du deinen Tod jeden Tag mit dir
herum trägst, wird es schwer,
deine Zeit mit Unfreundlichkeit, Zorn
und Verbitterung zu verschwenden –
überhaupt mit allem Kleinkarierten.
Wende dich dem Positiven zu.
Mit jedem Tag Yoga.

4. November

Dienen

Mögen wir uns immer daran erinnern,
wie winzig wir sind,
wie kurz unsere Leben sind
und was für ein Wunder es ist,
dass wir zu dieser Zeit hier sind –
und uns gegenseitig dienen können.
Jeden Tag Yoga.

5. November

Modernes Nagelbett

Akupunkturmatten stimulieren die
Meridiane.
Als moderne*r Yogi*ni hast du dich
gegenüber den früheren Fakiren
weiterentwickelt.
Praktiziere jeden Tag Yoga - mit oder ohne
Nagelbett.

6. November

Stufe um Stufe

Auch wenn es meist zwei Stufen
hoch und eine wieder herunter geht.
Oder sogar umgekehrt.
Höre nicht auf, es zu versuchen.
Höre nicht auf, dein Bestes zu geben.
Jeden Tag Yoga.

7. November

Yoga Nidra

Yoga Nidra ist der yogische Schlaf.
Eine Tiefenentspannung, die durch alle
Schichten des Bewusstseins läuft und
inneren Frieden fördert.
An manchen Tagen kann es deine tägliche
Praxis sogar ersetzen.
Jeden Tag Yoga.

8. November

Sprich mit dir selbst

..., denn du bist dein bester Motivator.
Wenn du dir nicht selbst glaubst, wem
kannst du dann glauben?
Achte daher darauf, dir positive Dinge zu
sagen.
Zieh dich nicht selbst herunter.
Sondern motiviere dich, für jeden Tag
Yoga.

9. November

Jeder Tag ist ein Geschenk

Doch nicht jede Verpackung hält, was sie verspricht - und umgekehrt.
Egal, welches Geschenk der Tag für dich bereithält, mach immer das Beste draus.
Jeden Tag Yoga.

10. November

Wenn du dich kränklich fühlst

Selbst dann praktiziere ein bisschen Yoga, in deinem Tempo und in deiner Intensität.
Jeden Tag Yoga.

11. November

Halte das Licht

Trübe Tage, helle Tage.
Halte das Licht hoch,
hege es und leuchte.
Jeden Tag Yoga.

12. November

Kurze Zündschnur?

Auch Menschen mit einer kurzen
Zündschnur dürfen Yoga machen.
Sie sollten es sogar.
Vielleicht gehen sie dann weniger schnell
in die Luft.
Und wenn nicht, so können sie es
wenigstens mehr genießen, diesen
Moment der Explosion und des
Schwebens.
Jeden Tag Yoga.

13. November

Sorge gut für dich

Wenn die Tage kürzer werden und das
Wetter schlechter, ist es besonders
wichtig, gut für dich zu sorgen.
Jeden Tag Yoga.

14. November

Derselbe Trott?

Bist du Tag ein, Tag aus im selben Trott?
Gefangen in deinem Alltag?
Du hast es in der Hand,
deinen Tag zu ändern.
Mach etwas Ungewöhnliches.
Auch in deiner täglichen Yoga Routine.

15. November

Pranayama

Pranayama ist die bewusste Atemführung
mit dem Ziel, mehr Lebensenergie
aufzunehmen.
Bei einem Spaziergang entlang eines
idyllischen Flusses, im Wald oder in den
Bergen macht Pranayama noch mehr
Freude.
Jeden Tag Yoga.

16. November

Finde Führung in dir

Mach dich von niemandem abhängig,
nicht einmal von deiner Praxis!
Sie ist nur ein Weg, die Kraft, die
Göttlichkeit in dir selbst zu finden.
Jeden Tag Yoga.

17. November

Süße Sünden

Hab kein schlechtes Gewissen,
wenn du dir eine süße Leckerei gönnst.
Betrachte sie nicht als Sünde,
sondern genieße sie mit allen Sinnen.
Jeden Tag Yoga.

18. November

Was dein Nervensystem beruhigt

Singen, tanzen, lesen, lachen,
Katzen streicheln, meditieren, schlafen,
umarmen, spazieren gehen,
in der Sonne sitzen, summen,
bewusst atmen.
Jeden Tag Yoga.

19. November

Wie das Wetter auch ist

Ob es regnet, stürmt oder schneit:
In deiner Erinnerung gibt es tropische,
paradiesische Orte, an denen du Yoga
praktiziert hast. Begib dich im Geiste
dorthin, wenn du dein tägliches Yoga
praktizierst.

20. November

Deine Perspektive bestimmt deine Wahrnehmung

Wie du siehst, wie deine Perspektive ist,
bestimmt deine Wahrnehmung.
Traue dich, Dinge und Menschen einmal
anders zu sehen.
Jeden Tag Yoga.

21. November

Auf und ab und rundherum

Jeder Tag ist anders,
jede Nacht sowieso.
Wenn du von Schmerz oder
Schlaflosigkeit geplagt wirst,
mach dir bewusst:
Schon morgen kann alles anders sein.
Halte fest an guten Gewohnheiten.
Jeden Tag Yoga.

22. November

Es ist genug da

Verabschiede dich von jedem
Mangelgedanken.
Es ist immer genug da.
Richte die Aufmerksamkeit auf deine
Segnungen.
Jeden Tag Yoga.

23. November

Selbsterfüllende Prophezeiung

Tue es, weil du es kannst.
Du kannst es, weil du es willst.
Du willst es, weil sie sagen,
du könntest es nicht.
Tue es: jeden Tag Yoga.

24. November

Schritte zur Glückseligkeit

Manchmal musst du nur einen Schritt
gehen, um zur Glückseligkeit zu gelangen.
Manchmal braucht es viele Schritte.
Das nennt man dann tanzen.
Jeden Tag Yoga.

25. November

Spätherbst

Wenn die Bäume ihre Blätter verlieren,
kann die Sonne noch besser zu dir
durchdringen.
Genieße Zeit in der Natur, Stille und
jeden Tag Yoga.

26. November

Tu es mit Liebe

Was immer du auch tust,
tu es mit Liebe.
Kochen, essen, spielen, tanzen, arbeiten -
tu alles mit Liebe.
Jeden Tag Yoga.

27. November

Dunkelheit

An dunklen Tagen suche das Licht.
In einem Gespräch, einer Kerze,
in dem Trost einer Umarmung.
Was immer dir guttut, ist lichtvoll.
Jeden Tag Yoga.

28. November

Verborgenes sichtbar machen

Schnee deckt einiges zu - und macht
anderes sichtbar.
Schritte im Schnee, Spuren,
die du hinterlassen hast.
Jeden Tag Yoga.

29. November

Die Gegenwart

Wenn du deprimiert bist, lebst du in der
Vergangenheit.
Wenn du ängstlich bist, lebst du in der
Zukunft.
Lebe stattdessen in der Gegenwart – dann
bist du in Frieden.
Jeden Tag Yoga.

30. November

Kleine Geschenke

Erfreue dich am Wunderbaren.
Am Kleinen und am Großen.
Singe, lache und genieße.
Jeden Tag Yoga.

1. Dezember

Denke dein Mantra

So viele Botschaften strömen täglich auf
dich ein.
Manchmal kannst du deinen eigenen
Gedanken kaum folgen, manchmal ziehen
dich deine eigenen Gedanken herunter.
Denke stattdessen dein Mantra,
wiederhole es innerlich fortwährend.
Jeden Tag Yoga.

2. Dezember

Stimmung und Bewegung

Lass dir niemals von deiner Stimmung
diktieren, was du zu tun hast.
Komm zuerst ins Tun, denn Bewegung
ändert deine Stimmung!
Das ist eine der wichtigsten Regeln für
jeden Tag Yoga.

3. Dezember

Alles ist möglich

Wenn du deine Energie wieder in dir
spüren kannst, ist absolut alles möglich.
Öffne deine Sinne, dein Herz und deine
Energiekanäle mit jedem Tag Yoga.

4. Dezember

Glück ist Gesellschaft

Oft bereichert ein Gefährte dein Leben.
Du kannst den Schmerz und die Freude
mit ihm teilen.
Und dich an ihn kuscheln, wenn es kalt
wird.
Ob er menschlich oder ein Tier ist, ist
nebensächlich.
Vielleicht teilt er sogar deine Passion -
jeden Tag Yoga.

5. Dezember

Unter der Oberfläche

Es gibt immer neue Entdeckungen zu
machen.
Dabei liegt es an dir, diese nicht zu
bewerten, sondern neutral zu betrachten,
wie ein Yogi.
Du bist ein Yogi.
Jeden Tag Yoga.

6. Dezember

In dir

Manchmal meinst du vielleicht,
du wirst ein besserer Yogi,
wenn du mehr von anderen lernst.
Doch darum geht es nicht –
deine wahre Weisheit liegt in dir selbst
verborgen.
Achte auf sie, wenn du jeden Tag Yoga
praktizierst.

7. Dezember

Wechsle die Perspektive

Wenn du den Weg nach Innen gehst,
wechselst du die Perspektive.
Bedeutungen verschieben sich.
Das Außen wird immer unwichtiger.
Jeden Tag Yoga.

8. Dezember

Gut fürs Gehirn

Walnüsse sind gut für den
Cholesterinspiegel und fürs Gehirn.
Jede Hälfte der Nuss ähnelt einer
menschlichen Gehirnhälfte.
Auch Meditation und Entspannung
verhelfen dir zu einem ruhigeren Geist
inmitten all des Tumults, daher:
Jeden Tag Yoga.

9. Dezember

Reisende

Wir sind Reisende auf dem Weg zu
unserer Bestimmung.
Wir kommen aus dem All-eins und
kehren dorthin zurück,
während wir hier Erfahrungen sammeln.
Jeden Tag Yoga.

10. Dezember

An einem paradiesischen Ort

An so einem Ort, mitten im Paradies,
ist es leicht, Yoga zu machen.
Du bist wahrhaft gesegnet,
wenn mitten im Winter bei 20° die Sonne
scheint.
Und wenn nicht, reise in deiner
Vorstellung dorthin.
Jeden Tag Yoga.

11. Dezember

Erde dich

Der Elefant ist mit dem ersten Chakra
assoziiert.
Er steht für Stärke, Erdung und
Stabilität.
Verbinde dich mit seinen Qualitäten.
Jeden Tag Yoga.

12. Dezember

Tue dir Gutes

Ersetze schlechte durch gute
Gewohnheiten:
Gutes hausgemachtes Essen, Sonne,
Übungen, Gemeinschaft, Meditation,
Lachen, Entspannung und natürlich
jeden Tag Yoga.

13. Dezember

Jeder Tag ein neues Leben

Beginne jeden Tag so, als würdest du ein
neues Leben beginnen.
Voller Vorfreude und Unschuld.
Lass dich überraschen -
jeden Tag Yoga.

14. Dezember

Hoch hinaus

Richte deine Energien nach oben.
Schau in den Himmel, schau zum
höchsten Punkt des Kopfes, dem
Kronenchakra, und verbinde dich mit
dem großen Ganzen.
Jeden Tag Yoga.
Immer und überall.

15. Dezember

Wenn die Welt Kopf steht

Gerate nicht in Eile,
tue alles ruhig und bedächtig.
Opfere deinen inneren Frieden nichts
und niemandem,
selbst wenn deine ganze Welt Kopf steht.
Jeden Tag Yoga.

16. Dezember

Öffne dein Fenster

Öffne dein Fenster und lass die Welt
herein.
Lass dich von den Farben, den Düften
und den Eindrücken erleuchten.
Jeden Tag Yoga.

17. Dezember

Wie Antworten kommen

Die Antworten, die du suchst, kommen
nie, wenn der Geist beschäftigt ist.
Sie kommen nur dann,
wenn du still wirst,
nach innen schaust und zuhörst.
Jeden Tag Yoga.

18. Dezember

Dein eigener Geist

Nichts und niemand kann dich so sehr
ärgern wie dein eigener Geist.
Andere Menschen und Dinge, die
geschehen, scheinen dich zu belästigen,
aber tatsächlich ist es deine Reaktion,
dein eigener Geist, der es tut.
Jeden Tag Yoga.

19. Dezember

Die Mauern deines Denkens

Reiße die Mauern deines Denkens ein,
indem du sie zu imaginären Gebilden
erklärst.
Du hast die Wahl,
entweder im Gefängnis deines eigenen
Geistes zu bleiben oder frei zu sein.
Jeden Tag Yoga.

20. Dezember

Das Licht ist immer da

Auch in tiefster Nacht,
im dunkelsten Winter,
in düsteren Momenten -
das Licht ist immer da.
Du kannst es nur nicht sehen.
Finde es in dir.
Jeden Tag Yoga.

21. Dezember

Alles ist Yoga

Du bist, du fühlst, du tust, du liebst,
du sprichst, du siehst, du verstehst,
du umgibst dich mit jedem Tag Yoga.
Alles ist Yoga.

22. Dezember

Der versteckte Schatz

Es ist in dir: das Königliche, das
Majestätische, das Göttliche.
Finde es.
Lege es frei wie einen versteckten Schatz.
Du hast die Kraft dazu - jeden Tag Yoga.

23 . Dezember

Vergiss, was du gelernt hast

Nimm Unterricht, studiere,
lies Fachbücher und Anleitungen.
Und dann vergiss alles, was du jemals
gelernt hast.
Begib dich in einen Zustand der
Unschuld.
Jeden Tag Yoga.

24. Dezember

Demütige Dankbarkeit

Weihnachten ist der Tag der Familie.
Freue dich über die Zeit mit deinen
Lieben und praktiziere Dankbarkeit und
Demut.
Und unter dem Weihnachtsbaum übe wie
jeden Tag Yoga.

25. Dezember

Lebe dein Sat Nam

Bleibe immer in Kontakt mit deinem
Wahren Selbst, dem Sat Nam.
Du findest es tief in dir und
vielleicht gibt es auch eine Spiegelung
im Außen.
Jeden Tag Yoga.

26. Dezember

Teil vom Ganzen

Du bist Teil des Systems,
ob du willst oder nicht.
Du bist Teil vom Ganzen,
ob du es willst oder nicht.
Du bist winzig.
Doch jedes noch so kleine Teil hat die
Kraft, eine Veränderung zu bewirken.
Jeden Tag Yoga.

27. Dezember

Ruhe in dir

Finde den Ort der Stille in dir.
Das Zentrum deines Seins,
wo es immer ruhig, sicher und behaglich
ist, egal, was im Außen vor sich geht.
Mit jedem Tag Yoga entdeckst du ihn neu.

28. Dezember

Stille

Schalte das Radio aus.
Schau nicht aufs Handy.
Lass den Computer aus.
Lausche wohltuender, heilsamer,
erquickender Stille.
Nur so kannst du deine eigenen
Gedanken hören.
Jeden Tag Yoga.

29. Dezember

Schaffe dir Freiraum

Du brauchst Zeit für dich.
Zeit ohne Input.
Zeit, um in deiner inneren Welt spazieren
zu gehen.
Jeden Tag Yoga.

30. Dezember

Finde Leichtigkeit

Finde Leichtigkeit im Schweren, Licht im
Dunklen und Zuversicht in kleinen
Dingen.
Jeden Tag Yoga.

31. Dezember

Sternenstaub

Du bist Sternenstaub.
Eine ewige Seele, auf die Erde gekommen,
um zu lernen.
Lernen ist manchmal anstrengend.
Doch wenn du in dieser Inkarnation
genug gelernt hast, dann ist es Zeit,
zurückzukehren.
Jeden Tag Yoga.

Nachbemerkung

Ich bin seit über einem Vierteljahrhundert Yogalehrerin und Autorin.

Je länger ich lebe, schreibe und Yoga praktiziere, umso weniger scheine ich sicher zu wissen. Meine Demut wächst in dem Maße, wie meine Gewissheiten schwinden.

So begebe ich mich täglich mehr und mehr in einem Zustand der Unschuld auf die Matte … Das Wenige, was ich weiß, erfahre ich durchs Praktizieren und die unzähligen Lektionen, die das Leben mir erteilt.

In 2023 habe ich mir die Aufgabe gestellt, nicht nur jeden Tag Yoga zu praktizieren, sondern darüber auch eine kurze Notiz zu verfassen. In diesem Büchlein sind die Sätze (ursprünglich mit Fotos unterlegt) versammelt.

Mögen sie Yogapraktizierenden jeder Tradition als Inspiration dienen.

Dank

Mein Dank gilt allen Yogaschüler*innen,
Yogalehrer*innen, Meistern und Gurus,
die meinen Lebensweg gekreuzt haben.
Von jedem durfte ich etwas lernen, auch
wenn ich bestimmt nicht alles verstanden
habe.

Ganz besonders möchte ich mich bei
einem ganz besonderen Yogaschüler
bedanken, der an mich glaubt wie kein
anderer.

Du weißt, wen ich meine.
Dieses Büchlein ist für dich.

Mai 2024,

Kerstin Leppert